BIBLIOTHÈQUE
INSTRUCTIVE ET AMUSANTE

# ALPHABET

### DES

# ANIMAUX

**PARIS**

GIROUX ET VIALAT
12, RUE DE SAVOIE

1848

# OEUVRES

# ALPHABET

DES

# ANIMAUX

CONTENANT

## LES PREMIERS PRINCIPES DE LA LECTURE

### NOUVELLE METHODE

ADOPTÉE PAR UN GRAND NOMBRE DE PROFESSEURS

Mise en ordre par M. **H. GRAND**, Instituteur

## PARIS

GIROUX ET VIALAT, ÉDITEURS

12, RUE DE SAVOIE

1848

# MAJUSCULES.

A B C

D E F

G H I J

K L M

N O P

Q R S

T U V

X Y Z

W Æ Œ

## MINUSCULES.

a b c d e f

g h i j k l

m n o p q r

s t u v x y

z ç w æ œ à

â é è ê ë ì

î ï ò ô ù û ü

# LETTRES ITALIQUES.

## MAJUSCULES.

*A B C D E F G H I J*
*K L M N O P Q R S T*
*U V X Y Z W Æ OE Ç.*

## MINUSCULES.

*a b c d e f g h i j k l m n o*
*p q r s t u v x y z w œ œ ç.*

## CHIFFRES.

1 2 3 4 5 6 7 8 9 0

## VOYELLES.

a e i ou y o u

## CONSONNES.

b c d f g h j k l m
n p q r s t v x z

## VOYELLES DIPHTHONGUES ET TRIPHTHONGUES.

ai, ain, ieu, iu, iou, oi, oy, oui

# SYLLABES.

| | | | | |
|---|---|---|---|---|
| ba | be | bi | bo | bu |
| ca | ce | ci | co | cu |
| da | de | di | do | du |
| fa | fe | fi | fo | fu |
| ga | ge | gi | go | gu |
| ha | he | hi | ho | hu |
| ja | je | ji | jo | ju |
| ka | ke | ki | ko | ku |
| la | le | li | lo | lu |
| ma | me | mi | mo | mu |
| na | ne | ni | no | nu |
| pa | pe | pi | po | pu |
| ra | re | ri | ro | ru |
| sa | se | si | so | su |
| ta | te | ti | to | tu |
| va | ve | vi | vo | vu |
| xa | xe | xi | xo | xu |
| za | ze | zi | zo | zu |

## MOTS DE DEUX SYLLABES.

Pa pa.              Rai sin.
Ma man             Se rin.
Gâ teau.           Voi sin.
Jou jou.           Poi re.
Da da.             Pom me.
Tou tou.           Cou teau.
Pou pée.           Bam bin.
Dra gée.           Cha peau.
Bon bon.           Bon net.
Vo lant.           Ca non.

## MOTS DE TROIS ET QUATRE SYLLABES.

Ca ba ne.          Fan tai sie.
Ca ba ret.         Grap pil ler.
Cap tu rer.        Im pos tu re.
Con fi tu re.      In con ti nent
Da moi seau.       Ju di ci eux.
Dé chi rer.        Ju ri di que.
É tren ner.        La pi dai re.

Lai ti è re.    Pé ni ten ce.
Mas ca ra de.  Ré cré a tif.
Né gli gen ce. Se cou ra ble.
O ri gi nal.    Vé ri ta ble.

MOTS DE CINQ ET SIX SYLLABES.

A na to mi que ment.
A van ta geu se ment.
Bi bli o thé cai re.
Bou le ver se ment.
Cu ri eu se ment.
Dé sin té res se ment.
Dé ter mi na ti on.
Ex-pé di ti on nai re.
Frau du leu se ment.
Gé o mé tra le ment.
Ges ti cu la ti on.
Ha sar deu se ment.
In con si dé ré ment.
In can des cen ce.

Ju di ci eu se ment.
Jus ti fi ca ti ve.
Ka lé ï dos co pe.
Lan gou reu se ment.
Ma de moi sel le.
Ma jes tu eu se ment.
No li sa ti on.
O do ri fé ran te.
Pri mi ti ve ment.
Prin ci pa le ment.
Qua li fi ca ti ve.
Ré so lu ti on.
San gui fi ca ti on.
Tem po rai re ment.
Vrai sem bla ble ment.
In cons ti tu ti on nel le.
Ma chi a vé li que ment.
Pré somp tu eu se ment.
Va leu reu se ment.

Ai mer Dieu de tout son es prit, de tou tes son âme, de tou tes ses for ces, et son pro chain com me soi - mê me, ce n'est pas un con seil, c'est un pré cep te et l'un des plus saints com man de ments de la loi du Sei gneur : c'est l'a bré gé de tou te mo ra le é van gé li que.

Les hom mes sont faits pour s'ai mer; ils vi vent en so ci é té pour se ren dre ser vi ce les uns les au tres.

L'hom me qui ne veut ê tre u ti le à son sem bla ble n'est pas di gne de vi vre avec les au tres.

Le de voir des en fants est d'o bé ir à leurs pa rents et

de re cher cher ce qui peut leur plai re.

La re li gi on, ain si que l'a dit d'A gues seau, est la vraie phi lo so phie.

Ce lui qui vit dans la crain te de Dieu ho no re ra son pè re et sa mè re.

On ne peut ê tre jus te si l'on n'est pas hu main.

Nos plus surs pro tec teurs sont nos ta lents.

Les mé chants sont tou jours très sur pris de trou ver de l'ha bi le té dans les bons.

Le grand dé sir de pa raî tre ha bi le em pê che sou vent de le de ve nir.

Les gran des pen sées vien nent tou jours du cœur.

Le fruit du tra vail est le plus doux des plai sirs.

La ja lou sie est le plus grand de tous les vi ces et ce lui qui cau se les plus grands maux.

L'hom me con naît ses vrais a mis dans l'ad ver si té.

La va ni té de l'homme est la sour ce de ses plus gran des pei nes, et il n'y a per son ne à qui el le ne don ne en co re bien plus de cha grin que de plai sir.

Le com men ce ment de la sa ges se, c'est le res pect pour l'Ê tre su prê me.

L'a mour du tra vail est à la fois l'un des plus grands biens et le pre mier devoir de l'hom me : c'est par le tra vail qu'il lais se à sa fa mil le, au mo ment de la quit ter pour tou jours, le sou ve nir que sa vie ne fut point celle de l'hom me oi sif. Com bien ses der niers mo ments doi vent lui sem bler doux ! Il a la plei ne cer ti tu de qu'a près sa mort sa mé moi re se ra vé né rée, et qu'el le n'é prou ve ra pas, com me cel le de l'hom me pa res seux, le tris te sou ve nir de l'in dif fé ren ce.

———

# PRIERES.

Au nom du Père, et du Fils, et du Saint – Esprit. Ainsi soit-il.

## Oraison dominicale.

Notre père, qui êtes aux cieux, que votre nom soit sanctifié; que votre règne arrive; que votre volonté soit faite en la terre comme au ciel : donnez-nous aujourd'hui notre pain quotidien; pardonnez-nous nos offenses comme nous pardonnons à ceux qui nous ont offensés, et ne nous laissez pas succomber à la tentation, mais délivrez-nous du mal. Ainsi soit-il.

## Salutation Angélique.

Je vous salue, Marie, pleine de grâce; le Seigneur est avec vous; vous êtes bénie entre toutes les femmes, et Jésus, le fruit de vos entrailles, est béni. Sainte Marie, mère de Dieu, priez pour nous, pauvres pécheurs, maintenant et à l'heure de notre mort. Ainsi soit-il.

## Symbole des Apôtres.

Je crois en Dieu, le père Tout-Puissant, Créateur du Ciel et de la Terre, et en Jésus-Christ, son Fils unique, notre Seigneur, qui a été conçu du Saint-Esprit, est né de la Vierge-Marie, a souffert sous Ponce Pilate, a été crucifié, est mort, a été enseveli, est descendu aux enfers, est ressuscité d'entre les morts le troisième jour, est monté aux Cieux, est assis à la droite de Dieu, le père Tout-Puissant, d'où il viendra juger les vivants et les morts.

Je crois au Saint-Esprit, à la Sainte Église Catholique, à la communion des Saints, à la rémission des péchés, à la résurrection de la chair, et à la vie éternelle. Ainsi soit-il.

## Confiteor.

Je me confesse à Dieu, Tout-Puissant, à la bienheureuse Marie, toujours Vierge, à Saint-Michel, Archange, à Saint Jean-Baptiste, aux Apôtres Saint Pierre et Saint Paul, à tous les Saints, et à vous mon Père, parce que j'ai beaucoup péché, par pensées, par paroles et par actions : c'est ma faute, c'est ma faute, c'est ma très grande faute. C'est pourquoi je supplie la bienheureuse Marie, toujours Vierge, Saint Michel, Archange, Saint Jean-Baptiste, les Apôtres Saint Pierre et Saint Paul, tous les Saints, et vous, mon Père, de prier pour moi le Seigneur notre Dieu.

# ACTES DES VERTUS THÉOLOGALES.

## Acte de Foi.

Mon Dieu, je crois fortement tout ce
que la sainte Église catholique, aposto-
lique et romaine m'ordonne de croire,
parce que c'est vous, ô vérité infaillible !
qui le lui avez révélé.

## Acte d'Espérance.

Mon Dieu, j'espère avec une ferme
confiance, que vous me donnerez, par
les mérites de Jésus-Christ, votre grâce
en ce monde ; et si j'observe vos com-
mandements, votre gloire en l'autre,
parce que vous me l'avez promis, et que
vous êtes fidèle dans vos promesses.

## Acte de Charité.

Mon Dieu, je vous aime de tout mon
cœur, de tout mon esprit, de toute mon
âme, de toutes mes forces, et par dessus
toutes choses, parce que vous êtes infi-

niment bon, infiniment aimable ; et
j'aime mon prochain comme moi-même
pour l'amour de vous.

## Acte de Contrition.

Mon Dieu, j'ai un extrême regret de
vous avoir offensé, parce que vous êtes
infiniment bon, infiniment aimable ; et
que le péché vous déplaît ; pardonnez-
moi par les mérites de Jésus-Christ. Je
me propose, moyennant votre sainte
grâce, de ne plus vous offenser, et de
faire pénitence.

## Acte d'Offrande.

Mon Dieu, voilà ce cœur qui, par votre grâce, a conçu de saintes résolutions :
je vous les présente, afin que vous les bé-
nissiez et que je les accomplisse pour
votre plus grande gloire. Faites-moi la
grâce de connaître votre sainte volonté,
et disposez entièrement de la mienne.
Je vous offre mes pensées, mes paroles

et mes actions. Oui, mon Sauveur, je proteste d'employer tout ce que je puis à votre service : tout est à vous, tout vient de vous, et je mets tout sous votre sainte et adorable providence : je demande seulement votre amour, et la grâce de plutôt mourir que de vous offenser mortellement.

## Oraison à la Sainte Vierge.

Très sainte Vierge, priez, s'il vous plaît, notre Seigneur Jésus-Christ pour moi, afin que toutes mes pensées, paroles et actions de ce jour, et de toute ma vie, lui soient agréables.

## Oraison à son bon Ange.

Mon bon Ange, continuez, s'il vous plaît, vos charitables soins : inspirez-moi la volonté de Dieu en toutes les œuvres de cette journée, et me conduisez dans le sentier qui mène à la vie éternelle.

## Commandements de Dieu.

Un seul Dieu tu adoreras
Et aimeras parfaitement.
Dieu en vain tu ne jureras,
Ni autre chose pareillement.
Les Dimanches tu garderas,
En servant Dieu dévotement.
Tes père et mère honoreras,
Afin de vivre longuement.
Homicide point ne seras,
De fait, ni volontairement.
Luxurieux point ne seras,
De corps ni de consentement.
Le bien d'autrui tu ne prenderas,
Ni retiendras à ton escient.
Faux témoignage ne diras,
Ni mentiras aucunement.
L'œuvre de chair ne désireras,
Qu'en mariage seulement.
Biens d'autrui ne convoiteras,
Pour les avoir injustement.

## Commandements de l'Église.

Les fêtes tu sanctifieras,
Qui te sont de commandement,
Les Dimanches la Messe ouïras,
Et les fêtes pareillement.
Tous tes péchés confesseras,
A tout le moins une fois l'an.
Ton Créateur tu recevras,
Au moins à Pâques humblement.
Quatre-Temps, Vigile jeûneras,
Et le Carême entièrement.
Vendredi chair ne mangeras,
Ni le Samedi mêmement.

## Commandements de l'Eglise.

Les fêtes tu sanctifieras,
Qui te sont de commandement,
Les Dimanches la Messe ouïras,
Et les fêtes pareillement.
Tous tes péchés confesseras,
A tout le moins une fois l'an.
Ton Créateur tu recevras,
Au moins à Pâques humblement.
Quatre-Temps, Vigile jeûneras,
Et le Carême entièrement.
Vendredi chair ne mangeras,
Ni le Samedi mêmement.

# DIVISION DU TEMPS.

Cent ans font un siècle.

Une année se compose de 12 mois.

Il y a trente jours dans un mois.

L'année se compose de 365 jours.

---

Le mois se divise en quatre semaines.

La semaine est composée de sept jours, que l'on désigne ainsi :

Lundi, Mardi, Mercredi, Jeudi, Vendredi, Samedi, DIMANCHE.

---

Les douze mois de l'année sont :

Janvier, Février, Mars, Avril, Mai, Juin, uillet, Août, Septembre, Octobre, Novem-re, Décembre.

---

Il y a quatre saisons dans l'année :

e Printemps, l'Eté, l'Automne et l'Hiver.

# TABLE DE NUMÉRATION.

| Désignation. | Chiffres Arabes | Romains |
|---|---|---|
| Un. . . . . . . . . | 1 | I |
| Deux. . . . . . . . | 2 | II |
| Trois. . . . . . . . | 3 | III |
| Quatre . . . . . . . | 4 | IV |
| Cinq. . . . . . . . | 5 | V |
| Six. . . . . . . . . | 6 | VI |
| Sept . . . . . . . | 7 | VII |
| Huit . . . . . . . | 8 | VIII |
| Neuf . . . . . . . | 9 | IX |
| Dix. . . . . . . . | 10 | X |
| Onze. . . . . . . . | 11 | XI |
| Douze. . . . . . . | 12 | XII |
| Treize. . . . . . . | 13 | XIII |
| Quatorze . . . . . | 14 | XIV |
| Quinze . . . . . . | 15 | XV |
| Seize. . . . . . . | 16 | XVI |
| Dix-sept. . . . . . | 17 | XVII |
| Dix-huit. . . . . . | 18 | XVIII |
| Dix-neuf . . . . . | 19 | XIX |
| Vingt. . . . . . . | 20 | XX |
| Trente . . . . . . | 30 | XXX |
| Quarante . . . . . | 40 | XL |
| Cinquante. . . . . | 50 | L |
| Soixante . . . . . | 60 | LX |
| Soixante-dix. . . . | 70 | LXX |

| Désignation. | Chiffres Arabes | Romains. |
|---|---|---|
| Quatre-vingts. . . . | 80 | LXXX |
| Quatre-vingt-dix. . . | 90 | XC |
| Cent. . . . . . . . . | 100 | C |
| Deux cents. . . . . | 200 | CC |
| Trois cents. . . . . | 300 | CCC |
| Quatre cents. . . . | 400 | CD |
| Cinq cents. . . . . | 500 | D |
| Mille. . . . . . . . | 1000 | M |

## TABLE DE MULTIPLICATION.

| | | | | | | | |
|---|---|---|---|---|---|---|---|
| 2 | fois | 2 | font | 4 | 3 | 8 | 24 |
| 2 | | 3 | | 6 | 3 | 9 | 27 |
| 2 | | 4 | | 8 | 3 | 10 | 30 |
| 2 | | 5 | | 10 | 3 | 11 | 33 |
| 2 | | 6 | | 12 | 3 | 12 | 36 |
| 2 | | 7 | | 14 | 4 fois | 4 font | 16 |
| 2 | | 8 | | 16 | 4 | 5 | 20 |
| 2 | | 9 | | 18 | 4 | 6 | 24 |
| 2 | | 10 | | 20 | 4 | 7 | 28 |
| 2 | | 11 | | 22 | 4 | 8 | 32 |
| 2 | | 12 | | 24 | 4 | 9 | 36 |
| 3 | fois | 3 | font | 9 | 4 | 10 | 40 |
| 3 | | 4 | | 12 | 4 | 11 | 44 |
| 3 | | 5 | | 15 | 4 | 12 | 48 |
| 3 | | 6 | | 18 | 5 fois | 5 font | 25 |
| 3 | | 7 | | 21 | 5 | 6 | 30 |

| | | | | | |
|---|---|---|---|---|---|
| 5 | 7 | 35 | 7 | 11 | 77 |
| 5 | 8 | 40 | 7 | 12 | 84 |
| 5 | 9 | 45 | 8 fois | 8 font | 64 |
| 5 | 10 | 50 | 8 | 9 | 72 |
| 5 | 11 | 55 | 8 | 10 | 80 |
| 5 | 12 | 60 | 8 | 11 | 88 |
| 6 fois | 6 font | 36 | 8 | 12 | 96 |
| 6 | 7 | 42 | 9 fois | 9 font | 81 |
| 6 | 8 | 48 | 9 | 10 | 90 |
| 6 | 9 | 54 | 9 | 11 | 99 |
| 6 | 10 | 60 | 9 | 12 | 108 |
| 6 | 11 | 66 | 10 fois | 10 font | 100 |
| 6 | 12 | 72 | 10 | 11 | 110 |
| 7 fois | 7 font | 49 | 10 | 12 | 120 |
| 7 | 8 | 56 | 11 fois | 11 font | 121 |
| 7 | 9 | 63 | 11 | 12 | 132 |
| 7 | 10 | 70 | 12 fois | 12 font | 144 |

# LOCUTIONS VICIEUSES.

| *Il ne faut pas dire :* | *Mais dites :* |
|---|---|
| Ajamber un ruisseau, | Enjamber un ruisseau. |
| Un chat angola, | Un chat angora. |
| Je me suis en allé, | Je m'en suis allé. |
| En airrière, | En arrière. |
| Venir à bonne heure, | Venir de bonne heure. |
| Un apprentif, | Un apprenti. |
| Une apprentisse, | Une apprentie. |
| Un boulvari, | Un hourvari. |
| Il brouillasse, | Il bruine |
| Se changer, | Changer de vêtements. |
| De la colaphane, | De la colophane. |
| Comme de juste, | Comme il est juste. |
| Affaire conséquente, | Affaire importante. |
| Somme conséquente, | Somme considérable. |
| La corporence, | La corpulence. |
| Une poire de cresane, | Une poire de crassane. |
| Sauter à croche-pied, | Sauter à cloche-pied. |
| Un enfant débonté, | Un enfant éhonté. |
| Demander excuse, | Faire des excuses. |
| Dépêchez-vous vite, | Dépêchez-vous. |
| Dépersuader, | Dissuader. |
| Désagrafer, | Dégrafer. |
| Bien éduqué, | Bien élevé. |
| Des embauchoirs, | Des embouchoirs. |
| Une esquilancie, | Une esquinancie. |
| De la franchipane, | De la frangipane. |
| Il gazouille tout, | Il gâte tout. |
| Un généranium, | Un géranium. |
| Un gigier, | Un gésier. |

| Il ne faut pas dire : | Mais dites • |
|---|---|
| Jouer aux onchets, | Jouer aux jonchets. |
| Dans ce moment ici, | Dans ce moment-ci. |
| Un jeu d'eau, | Un jet d'eau. |
| De la pierre de lierre; | De la pierre de liais. |
| Un linceuil, | Un linceul. |
| Serviette à linteaux, | Serviette à liteaux. |
| Lire sur un journal, | Lire dans un journal. |
| Des matéraux, | Des matériaux. |
| Avoir un mésentendu. | Un malentendu. |
| Midi précise, | Midi précis. |
| De la ouette, | De la ouate. |
| Un palefermier, | Un palefrénier. |
| Faire le panégérique, | Faire le panégyrique. |
| Jouer la pantomine, | Jouer la pantomime. |
| Une rue passagère, | Une rue passante. |
| Un petit peu, | Un peu. |
| Une femme perclue, | Une femme percluse. |
| Tant pire, | Tant pis. |
| Une plurésie, | Une pleurésie. |
| Un homme pointilleur, | Un homme pointilleux. |
| Raiguiser un couteau. | Aiguiser un couteau. |
| Rancuneur, | Rancunier. |
| Rancuneuse, | Rancunière. |
| Un air rébarbaratif. | Un air rébarbatif. |
| A la rebours, | Au rebours, à rebours. |
| Il la recouvert la santé | Il a recouvré la santé. |
| Montez en haut, | Montez. |
| Descendez en bas, | Descendez. |
| Voyons voir, | Voyons (montrez-moi). |
| C'est moi qui l'est, | C'est moi qui le suis. |
| Reculez en arrière, | Reculez. |
| Avancez en avant, | Avancez. |
| Où restez-vous ? | Où demeurez-vous ? |

| *Il ne faut pas dire :* | *Mais dites :* |
|---|---|
| Remouler un couteau, | Émouler un couteau. |
| Remplir son but, | Atteindre son but. |
| Elle a l'air bonne, | Elle a l'air bon. |
| Rétablir le désordre, | Rétablir l'ordre. |
| Cette enfant est bien renforcie, | Cette enfant s'est bien renforcée. |
| Il est réprimandable, | Il est répréhensible. |
| Donner une revange, | Donner une revanche. |
| A la rimoulade, | A la rémolade. |
| Sans sus-dessous, | Sens dessous-dessus. |
| Une secoupe, | Une soucoupe. |
| De la semouille, | De la semoule. |
| Donner un soubriquet, | Un sobriquet. |
| Soupoudrer, | Saupoudrer. |
| Une tête d'oreiller, | Une taie d'oreiller. |
| C'est casuel, | C'est fragile. |
| Avoir un air minable, | Avoir un air misérable, malheureux. |
| Une poire de misser Jean, | Une poire de messire Jean. |
| Trayer du linge, | Trier du linge. |
| Je m'en rappelle, | Je me le rappelle. |
| Un vessicatoire, | Un vésicatoire. |

# DES ACCENTS.

Il y a trois sortes d'accents, l'aigu, le grave et le circonflexe. L'aigu se place seulement sur les *e* : *piété* ; l'accent grave sur l'*a*, et l'*e* : *aller à Paris*, *père*, *frère* ; le circonflexe sur les voyelles *a, e, i, o, u* : *bâton, tête ; gîte, côte, flûte.*

L'*é* aigu est bref, l'*è* grave est long ; toutes les voyelles circonflexes sont longues.

Le tréma, qui consiste en deux points disposés horizontalement, se place sur les voyelles *e, i, u*, pour indiquer qu'elles doivent se prononcer séparément, et non former diphthongue avec la voyelle précédente.

Israël, ciguë, naïf, Moïse, Antinoüs, Esaü.

## DES VOYELLES LONGUES OU BRÈVES.

Il y a deux sortes de voyelles, les *longues* et les *brèves*. Les voyelles longues exigent une prononciation marquée, il faut appuyer dessus. Les voyelles brèves exigent une prononciation rapide et peu marquée.

| VOYELLES LONGUES. | VOYELLES BRÈVES. |
|---|---|
| Âge, âme. | Audace, cigale. |
| Bêche, thèse. | Autel, cruel. |
| Tige, gîte. | Petite, colique. |
| Atome, dépôt. | Pomme, robe. |
| Bûche, ruse. | Butte, rhume |

# DE LA PONCTUATION.

La ponctuation est l'art d'indiquer, par des signes convenus, les pauses que l'on doit faire en lisant ou en parlant, soit pour déterminer le sens des phrases, soit pour satisfaire aux besoins de la respiration.

Les signes de la ponctuation sont :

| | | | |
|---|---|---|---|
| La virgule | **,** | Le point interrogatif | **?** |
| Le point-virgule | **;** | Le point exclamatif | **!** |
| Le deux-points | **:** | Les parenthèses | **( )** |
| e point | **.** | | |

Voici les règles qui déterminent l'emploi de ces signes :

**De la virgule.** — La virgule indique la moindre de toutes les pauses. Elle sert à séparer les parties-semblables d'une même proposition.

*Le cheval, l'âne, la brebis, sont des animaux domestiques. — L'homme lâche, envieux, menteur, est détesté de ses semblables.*

La virgule sépare des propositions de peu d'étendue :

*Il prit une hache, abattit un arbre, le tailla, et en fit des planches.*

Lorsque deux phrases réunies par l'une des conjonctions, ET, OU, sont d'une étendue qui dépasse celle de la respiration, il faut les séparer par des virgules.

*Il faut respecter la vieillesse et la faiblesse, ET les secourir quand on le peut.*

2\*

On doit écrire entre deux virgules toute proposition incidente explicative, et sans virgule toute proposition incidente déterminative. Ainsi on écrira avec des virgules :

*Le roi, qui est venu à Paris, est allé aux Tuileries;*

Mais sans virgule :

*L'homme qui ment habituellement n'est cru de personne.*

Enfin, on doit généralement séparer par une virgule toute subdivision de proposition éveillant une idée distincte :

*Soumis avec respect à sa volonté sainte,*
*Je crains Dieu, cher Abner, et n'ai point d'autre crainte.*

**Du point-virgule.** — Le point-virgule marque une pause plus forte que celle de la virgule. On l'emploie pour séparer les parties principales d'une proposition déjà subdivisées par des virgules :

*Que pensez-vous qu'ait été sa douleur, de quitter Rome sans l'avoir réduite en cendres; d'y laisser encore des citoyens, sans les avoir passés au fil de l'épée; de voir que nous lui avons arraché le fer d'entre les mains, avant qu'il l'ait teint de notre sang.*

On sépare par le point-virgule deux membres de phrase d'une certaine étendue présentant une idée d'opposition :

*La douceur est une vertu, sans doute; mais elle peut dégénérer en faiblesse. — Nous sommes tous mortels, cela est certain ; cependant, il semblerait quelquefois que nous l'oublions.*

Mais si les membres de phrases sont courts, la virgule suffit.

*Le travail est pénible, mais il est avantageux.*

**Du deux-points.** — Le deux-points marque une pause plus forte encore que celle du point-virgule. On le place après toute phrase annonçant un discours :

*Mentor parla ainsi :*

Avant une énumération.

*Les sept péchés capitaux sont : la colère, l'envie, etc.*

Toute proposition qui sert à compléter ou à expliquer le sens de celle qui la précède, doit en être séparée par un deux-points.

*Il y a des pays où on laisse les terres en jachère, cela ne vaut rien : l'expérience l'a démontré jusqu'à l'évidence.*

**Du point.** — Le point est la plus forte de toutes les pauses. Il indique une phrase terminée, un sens complet :

*L'intelligence est la reine du monde.*

**Du point interrogatif et du point exclamatif.** — Le point interrogatif et le point exclamatif marquent une pause égale à celle du point ; mais ils servent, en outre, à donner à la phrase l'intonation nécessitée par le sens.

Le point interrogatif se place après toute interrogation :

*Où suis-je ? — Qui sont ces gens-là ?*

Le point exclamatif se place après toutes les phrases ou tous les mots exprimant un sentiment profond de surprise, de joie, de terreur, ou d'aversion.

*Ah ! quel plaisir d'être soldat ! — Quoi ! c'est vous !
— O mon Dieu ! il va tomber ! — Fi ! que c'est laid !*

On le place aussi après les interpellations.

*Eh ! Monsieur ! — Holà ! eh ! là-bas ! venez ici.*

**Des parenthèses.** — Les parenthèses renferment des membres de phrase qui servent à éclairer la phrase principale, mais pourraient en être retranchés sans nuire au sens général.

*Je lui ai dit (car il était là) de s'en aller. — La crainte de Dieu (c'est une vertu) maintient l'homme dans le droit chemin.*

Les parenthèses servent aussi à enfermer des dates dans le cours d'un texte :

*Napoléon, en montant sur le trône (1804), créa douze maréchaux.*

LAGNY. — IMPRIMERIE DE GIROUX ET VIALAT

L'Aigle est l'un des plus grands
seaux de proie. Il se rencontre
Europe et dans l'Amérique sep-
ntrionale. Son poids est d'envi-
n sept à huit kilogrammes. Il
cherche sa pâture parmi les ani-
aux vivants, et dédaigne les cada-
es. Sa force est supérieure à celle
tous les autres oiseaux de proie,
son courage l'a fait surnommer le
i des oiseaux.

Le Butor a beaucoup de ressemblance avec le Héron, mais il est
plus petit. Il vit comme lui conti-
nuellement sur le bord des rivières
et des marais. Son plumage est
d'un jaune pâle, et ses jambes, qui
sont très longues, tirent sur le
vert. Le nom donné à cet oiseau
tire son origine des sons rauques
qu'il fait entendre dans la saison
des amours.

# C

Le Chien a par excellence toutes les qualités qui peuvent fixer l'attention de l'homme; il est de tous les animaux le plus intelligent, le plus soumis et le plus reconnaissant. Les variétés du Chien sont très nombreuses; celui que représente notre gravure est un dogue.

# D

Le Dromadaire, qui appartient à la famille des ruminants, est l'un des animaux les plus intelligents de cette espèce. Sa résignation surpasse celle du bœuf. Il jouit d'une vue excellente et a l'odorat très fin. Sans son secours les Arabes du désert ne pourraient ni voyager, ni commercer. Son lait est l'une des principales nourritures des habitants de l'Afrique.

L'Eléphant est le plus grand des quadrupèdes connus. Il est originaire de l'Asie et de l'Afrique. Son corps est monstrueux et d'une couleur cendrée. Sa tête est énorme; ses oreilles longues et pendantes; ses yeux petits, mais vifs et spirituels; son nez ou trompe lui sert à porter sa nourriture à sa bouche.

La Fouine est un petit animal
très répandu en Europe, qui fait
de grands ravages dans les pou-
laillers. La couleur de son pelage
est brun-marron, le dessous de la
gorge et le ventre sont blancs; sa
tête est petite et son museau pointu.
Elle est plus redoutée dans les
campagnes que le renard, avec lequel elle a beaucoup de ressemblance pour les mœurs.

La Grenouille est généralement répandue sur toutes les parties du globe. Elle est d'une forme élégante, gracieuse et légère. Son corps est parsemé de taches vertes et blanches d'une couleur éclatante; ses yeux sont gros et entourés d'une auréole couleur d'or. La Grenouille habite les lieux marécageux et se nourrit d'insectes.

Le Hibou est un oiseau de nuit
qui ne peut supporter la clarté du
jour, tant sa vue est sensible; aussi
fuit-il la lumière pour se cacher
dans d'obscurs réduits. A l'approche de la nuit, il en sort pour
surprendre de petits oiseaux endor-
mis. Il vit de rats, de souris, de
mulots et de taupes.

L'Ibis est un oiseau originaire de l'Égypte, et qui habite les lieux marécageux. Il se nourrit de serpents et d'autres reptiles. Les Égyptiens l'avaient placé au rang de leurs dieux, en lui élevant des temples parce qu'il purgeait le pays des reptiles si abondants dans ce pays.

Le Jabiru est une espèce de Cigogne. Le plumage de cet oiseau est entièrement blanc, sou cou est nu et noir. Il porte un collier rouge et ses pieds sont noirs. Il est silencieux, habite les lieux marécageux : le seul bruit qu'il fait entendre résulte d'un battement des mandibules de son bec l'une contre l'autre.

Le Kanguroo est un animal de
la Nouvelle-Hollande. Il a la queue
presque aussi longue que le corps;
la femelle porte, comme la sarigue,
une sorte de poche où elle ren-
ferme ses petits. Pour s'élancer, il
s'appuie à la fois sur sa queue et sur
ses pattes de derrière, et fait ainsi
des bonds rapides qui le mettent
bientôt à l'abri des poursuites du
chasseur.

La Lyre, que l'on nomme aussi *Menure* Porte-Lyre, est de la grosseur du faisan. Le mâle est l'un des plus beaux oiseaux de la Nouvelle-Hollande, les seize pennes qui composent sa queue figurent très bien une lyre. Cet oiseau habite les cantons rocailleux et les montagnes.

# M

Le Mouton est un animal domestique du genre des ruminants.
Il est d'une stupidité incroyable,
et ne sait pas même fuir le danger
qui le menace. Cet animal est d'une
grande utilité à l'homme, sa laine
est employée à la fabrication des
étoffes, et sa chair est une des plus
plus succulentes dont l'homme fasse
usage.

Le Nandou, du genre des coureurs, est une espèce d'autruche. Il est d'une agilité extraordinaire, et le meilleur cheval le devance difficilement à la course. Dans sa marche ordinaire il a une allure grave et majestueuse.

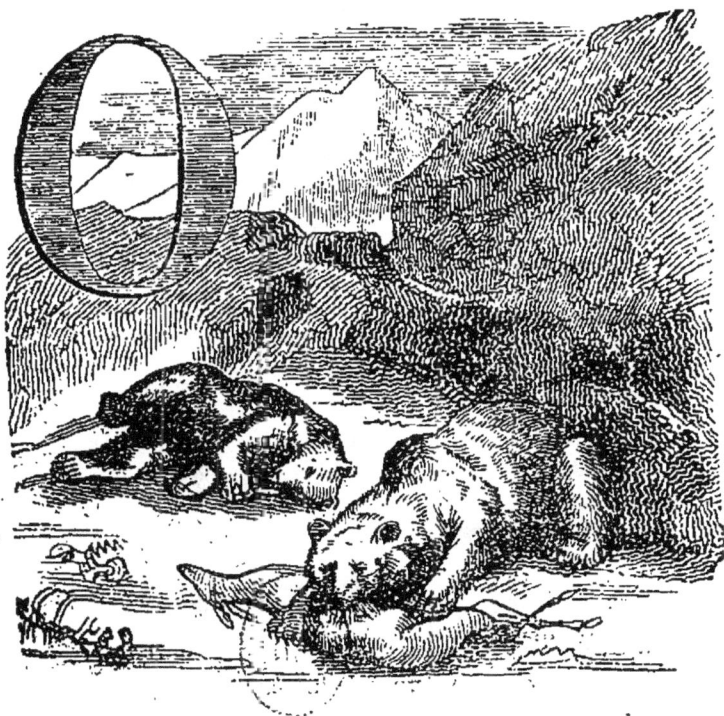

L'Ours est d'un naturel sauvage; il fuit, par instinct, toute société. Bien qu'il paraisse d'un naturel doux, il faut s'en défier. Il existe trois différentes espèces d'Ours; l'Ours brun, qui est carnassier et féroce; l'Ours noir, qui n'est que farouche; et l'Ours blanc, qui vit dans les mers glaciales, et surpasse les deux autres en grosseur et en férocité.

P

La Panthère est un animal très
féroce qui habite les forêts les plus
touffues. Sa peau, de couleur fauve,
est parsemée de taches noires. Elle
a le regard cruel, les mouvements
brusques et l'air inquiet. Sa langue
est rude, et ses mâchoires sont ar-
mées de dents fortes et aiguës.

Le Quéreiva est un oiseau qui n'a encore été rencontré que dans les régions méridionales de l'Amérique. Son caractère sauvage, défiant et taciturne est un contraste frappant avec l'éclat de son plumage. Il vit de préférence dans les lieux humides et ombragés.

Le Renard est le plus rusé des animaux. Ce que le loup fait par la force, le Renard le fait par adresse ; ses ressources semblent être en lui-même. S'il pénètre dans une basse-cour, il en étrangle toutes les volailles, qu'il dépose dans des lieux différents afin de les retrouver au fur et à mesure de ses besoins.

La variété des Singes s'étend à l'infini. Quelques-uns de ces animaux ont un rapport de conformation frappant avec l'homme, dont ils cherchent à imiter les mouvements. L'intelligence du Singe, quoique douée d'une certaine étendue, est loin d'approcher de l'instinct de plusieurs animaux, tels que le chien et l'éléphant.

Il y a deux espèces de Tortues : la Tortue de terre et la Tortue de mer. Parmi celles de terre, l'espèce dite *Mauritanique* fournit un aliment très délicat. L'écaille employée à la fabrication des peignes et tabatières, etc, provient d'une espèce maritime appelée *Caouane*.

L'Urson appartient au genre Porc-
épic. Sa longueur, non compris sa
queue, qui a environ vingt centi-
mètres, est de soixante-cinq centi-
mètres. Son corps est couvert de
piquants annelés de blanchâtre et
de noirâtre ou de brun. Ces piquants
sont cachés en partie sous de longs
poils bruns ou rougeâtres assez ru-
des.

# V

La Vache est la femelle du tau-
reau. C'est l'un des animaux domestiques les plus utiles à l'homme.
Sa chair est aussi bonne que celle
du bœuf. Le beurre et le fromage
sont faits avec le lait que l'on ex-
trait de ses mamelles. La Vache est
en outre très utile pour le labou-
rage.

Le Xandarus ou Bubale est la
Vache de Barbarie, du genre des
antilopes. Cet animal a assez de
ressemblance avec une petite vache
pour qu'on ait pu lui en donner le
nom. Il s'apprivoise facilement et
paît avec les bœufs. On le rencontre dans le nord de l'Afrique.

Le Yagarondi est une espèce de chat ayant les ongles crochus et tranchants, et qu'un mécanisme particulier fait relever naturellement vers le ciel quand cet animal ne veut pas s'en servir. La grandeur et la couleur des poils de sa queue désignent les diverses espèces.

Le Zébu, ou Vache de Tartarie,
st une variété du bœuf domestique,
ont il ne diffère que par une bosse
u'il a sur le dos. Les peuples de
Asie et de l'Afrique l'attèlent
mme le bœuf. Il est plus agile
ue celui-ci, et a beaucoup plus de
ocilité.

4

Le Wapiti appartient au genre
cerf. Cet animal vit en famille
marié à une seule femelle, qui me
bas deux petits au mois de juil-
let. Le Wapiti, pris jeune, s'ap
privoise aisément; les Indiens le
dressent à tirer le traîneau.

# ABRÉGÉ

# D'HISTOIRE NATURELLE.

L'histoire naturelle se partage en deux parties distinctes :

1° Le règne organique, qui comprend les animaux et les plantes, et tous les êtres doués de vie ;

2° Le règne inorganique, qui comprend les gaz, les métaux et tous les êtres inanimés.

Le règne organique contient plusieurs parties distinctes, dont la réunion s'appelle la zoologie, c'est-à-dire l'histoire des animaux, qui se subdivise elle-même en plusieurs autres parties, et la phytologie, ou histoire des plantes, qu'on nomme plus ordinairement la botanique.

## ZOOLOGIE.

L'histoire des animaux mammifères s'appelle la mammalogie.

L'histoire des oiseaux s'appelle l'ornithologie.

L'histoire des poissons s'appelle l'ichthyologie.

L'histoire des reptiles, comme le crocodile, le lézard, le serpent, la tortue, s'appelle l'erpétologie.

En passant sous silence une ou deux autres sections moins importantes, vient l'entomologie ou histoire des insectes, comme le hanneton, le cerf-volant, la mouche, la guêpe, etc.

La physique, la chimie, l'astronomie, sont encore des branches importantes et premières de l'histoire naturelle.

### De l'Homme.

L'homme est compris dans la section de mammalogie. Dans cette section sont renfermés tous les animaux dont les femelles allaitent leurs petits ; et on n'apprendra pas sans surprise que la baleine, cet immense animal, qui a plus de trente mètres de longueur, en fait aussi partie.

On distingue quatre principales variétés d'hommes : la race caucasique, qui est la nôtre, et parmi laquelle se rencontrent les plus belles proportions de figure et de taille ; la race mongolique, que l'on reconnaît aisément à sa couleur jaunâtre ou olivâtre, aux pommettes des joues saillantes, etc. (les Chinois, les Indous, etc., appartiennent à cette race) ; la race éthiopique, à laquelle appartiennent tous les nègres, et la race américaine, qui comprend tous les naturels du Nouveau-Monde. Ces quatre races offrent des caractères assez tranchés pour qu'on puisse en saisir aisément les différences ; de leur croisement sont sorties d'autres variétés qu'il serait trop long d'énumérer ici.

## Des Singes.

Dans la hiérarchie animale, après l'homme, vient la nombreuse tribu des singes, ou des quadrumanes. Ils ont une ressemblance grossière avec l'espèce humaine, dont ils diffèrent du reste totalement par les caractères du squelette. On les divise en deux familles : les singes et les makis.

Ils sont remarquables par leur extrême légèreté, leur malice, leur méchanceté quelquefois, et surtout leur aptitude à imiter les gestes de l'homme. Le plus remarquable est l'orang-outang, qui vit dans les grandes forêts des Indes.

## Les Chauves-Souris.

Après les singes, viennent de très hideux animaux carnassiers, que les savants appellent les chéiroptères (ce qui veut dire mains ailées, parce qu'en effet ils ont des espèces de bras pourvus d'ailes), ce sont les chauves-souris. On en connaît des genres nombreux.

## Les Entomophages.

A la suite des chauves-souris, viennent d'autres petits carnassiers qui se nourrissent d'insectes, et à leur défaut de végétaux, comme le hérisson, dont tout le dessus du corps est couvert de petits piquants, et qui, au moindre danger, se roule en boule et présente de toutes parts à l'assaillant une forêt de piques qui le mettent en fuite. La taupe en fait aussi partie; c'est un joli petit animal qui cause de grands dommages dans les champs et les jardins, par les longs terriers tortueux qu'elle y creuse. On l'a cru longtemps aveugle, mais depuis peu l'anatomie a prouvé qu'il a des yeux, forts petits à la vérité, et de longs poils soyeux et d'un beau noir.

## Carnassiers plantigrades.

En suivant toujours l'ordre naturel, nous

voici arrivés aux ours, que la science nomme les plantigrades, parce qu'ils marchent sur la plante des pieds.

Dans cette section est aussi placé le blaireau, dont le poil sert à faire des pinceaux estimés.

### Carnassiers digitigrades.

Ceux-ci sont ainsi appelés parce qu'ils marchent sur le bout des doigts. Parmi eux sont les martes, qui fournissent d'excellentes fourrures, ainsi que les loutres, de la peau desquelles on fait des bonnets fort-chauds pour l'hiver. On y trouve aussi :

Les chiens, parmi lesquels il existe tant de variétés, dont les principales sont : le boule-dogue, le mâtin, le lévrier, le caniche, le barbet, le basset, etc.

Qui ne connaît la bonté, l'attachement, la fidélité du chien ! Ses qualités sont passées en proverbe ; et mille histoires, plus authentiques les unes que les autres, l'attestent à l'envi.

Les loups, si cruels quand la faim les presse ; les renards, si malins, et qui savent si bien cacher leur piste aux chasseurs.

Puis les civettes, qui ont près de l'anus une poche d'où suinte une liqueur odorante ; les genettes, l'ichneumon, petit quadrupède qui fait la chasse aux œufs de crocodile, qu'il déterre et dévore, rendant par là un grand service aux hommes, dont le crocodile est un ennemi formidable.

## Les Chats.

Nous voici arrivés aux plus beaux comme aux plus féroces des animaux ; ce sont aussi les plus forts, les plus souples, et ceux, si l'on en excepte le chat domestique, que l'éducation n'a pu ou plutôt n'a pas osé dompter, en raison sans doute de la crainte qu'inspirent leurs énormes dents et leurs griffes longues et aiguës.

Au premier rang se place le lion. C'est un animal au maintien majestueux, dont une longue crinière pare le cou et les épaules. On l'appelle le roi des animaux, à cause de sa force, dont il est rare qu'il abuse, lorsqu'il n'est pas pressé par la faim.

Et le tigre, si beau, si fort, si agile, et dont la cruauté est passée en proverbe. Peut-être l'a-t-on exagérée; car de nombreux exemples prouvent que ce bel animal, pris fort jeune et élevé en domesticité, perd toute sa férocité, bien qu'il se nourrisse toujours de la chair qu'on lui donne. Sa nourriture ne saurait être changée, puisque la nature a fait son estomac pour la chair, comme celui du bœuf pour l'herbe.

Le jaguar, la panthère, le léopard, dont la fourrure est bigarrée de différentes taches noires qui font un bel effet, sont plus petits de taille que le tigre, que l'on en distingue encore en ce que celui-ci a de longues raies noires qui sillonnent ses flancs d'un beau fauve vif. Ces animaux ont le même naturel et ont comme lui la force, la souplesse, et surtout la grâce qui semble être le partage de l'espèce féline ; on appelle ainsi la famille des chats, dans laquelle on trouve encore le couguar, l'ocelot, le lynx et enfin le chat domestique.

## Les Amphibies.

Ces animaux, qui terminent la section des carnassiers, sont ainsi nommés parce qu'ils jouissent de la faculté de vivre à la fois sur la terre et dans l'eau, dans laquelle, à la vérité, ils passent la plus grande partie de leur vie, parce que, ayant les pieds trop courts pour la marche, ils ont les doigts réunis par une épaisse membrane qui leur permet de nager parfaitement. Ce sont les phoques, parmi lesquels se trouve le lion marin, qui atteint quelquefois jusqu'à huit mètres de long, et qui vit dans l'Océan Pacifique. Tous ces animaux sont d'un naturel doux, susceptibles d'attachement envers leur maître. Ils vivent en commun, se rencontrent en grand nombre se chauffant au soleil sur le rivage de la mer, où ils se replongent à la moindre alarme.

Les morses complètent cette dernière section. La seule espèce connue habite l'Océan Glacial, où elle atteint quelquefois six mètres de longueur; on l'appelle vulgairement vache marine.

## Les Marsupiaux.

Les marsupiaux sont des mammifères d'une conformation curieuse; les mamelles, dans ces animaux, ne sont pas à nu, comme dans les autres, mais enveloppées dans une poche formée par la peau du ventre chez les femelles, et où les petits viennent en hâte se blottir à la moindre apparence de danger.

On distingue parmi les marsupiaux les sarigues et surtout les kanguroos, ce grand

t singulier animal, dont les pattes de de-
ant sont si courtes, et celles de derrière
longues et si fortes; ce qui ne lui per-
1et de faire que des sauts pour la marche,
laquelle aide encore leur longue et forte
ueue. Les kanguroos sont d'un naturel
oux et tranquille et se nourrissent d'her-
es. Ils vivent à la Nouvelle-Hollande.

On ne peut omettre les phalangers, qui,
l'aide de leur queue prenante et de mem-
ranes qui s'étendent des pattes de devant
celles de derrière, sautent d'un arbre à
autre, comme avec des ailes; ils vivent
'insectes et de fruits, et se trouvent dans
s îles Moluques.

## Les Rongeurs.

Cette division des mammifères est nom-
reuse en genres et en espèces. On distin-
ue parmi eux les castors, animaux qui vient en société sur le bord des fleuves,
à ils se construisent des cabanes; les rats,

les campagnols, les loirs, qui vivent dans
nos champs et nos bois, où ils se creusent
des terriers ; les marmottes, communes en
Savoie, et que les pauvres enfants de ce
pays viennent montrer à Paris pour obte-
nir *un petit liard*; les écureuils, ce joli animal, si gai, si pétulant, si léger, à la belle
queue en panache, sautant lestement d'arbre en arbre pour chercher les fruits dont
il se nourrit, etc.

Dans une seconde division viennent se
placer aussi les porcs-épics, animaux qui
ont le dos et les flancs couverts de longs
piquants annelés de noir et de blanc, les
lièvres, les lapins, les agoutis, etc.

## Les Édentés.

Ainsi nommés, parce qu'ils manquent
de certaines dents nommées incisives, qui
servent à tous les précédents à couper, et
qui sont placées à l'entrée de la bouche
dans tous les animaux (chez l'homme, i

y en a six en bas et quatre en haut).

On remarque parmi ces animaux les *Pa-resseux*, ainsi nommés à cause de l'exces-sive lenteur de tous leurs mouvements ; au premier rang est l'unau, de la grosseur d'un chat, et qui préfère se laisser tuer par le chasseur que de fuir ou de se défendre.

## Les Monotrèmes.

Ces animaux se rapprochent des oiseaux par une conformation particulière, qui est est celle d'un seul conduit pour les urines et pour les excréments. On présume qu'ils pondent des œufs comme ceux-ci.

## Les Pachydermes.

## PACHYDERMES NON RUMIMANTS.

## L'Éléphant.

Cet animal, si remarquable par sa masse gigantesque, sa trompe et ses longues défen-

ses, ne l'est pas moins par les bonnes qualités qui se développent à l'état domestique,
auquel il se prête volontiers, bien qu'il n'y
produise pas son espèce. On ferait un gros
livre de toutes les anecdotes qu'on raconte
de sa docilité, de son adresse, de sa force,
de son intelligence, etc. On en connaît deux
espèces ; l'éléphant des Indes et celui d'A-
frique. On les distingue l'un de l'autre par
différents caractères ; le premier, par exemple, a les oreilles et surtout les défenses
bien moins grandes que le second, qui est
aussi plus farouche. Celui-ci n'a que trois
doigts aux pieds de derrière, et celui-là en
a quatre.

## Des Mastodontes.

Un mot suffira sur cet animal, et en
même temps sur tous ceux qui sont dispa-
rus du globe dans les grandes révolutions
qui l'ont bouleversé à diverses reprises.

Dans des temps fort anciens, le feu e

l'eau ont tour à tour désolé notre sphére. Peu à peu, à différentes fois, divers animaux l'ont habitée, quand son état était plus tranquille, qui disparaissaient quand une nouvelle catastrophe venait en bouleverser la surface. Ces animaux sont très-nombreux en espèces, d'une taille ordinairement gigantesque, et d'une forme le plus souvent entièrement différente de celle des animaux qui vivent sur le globe avec nous.

Le mastodonte, par exemple, ressemblait assez à l'éléphant, mais il était plus grand que lui et avait de fortes dents pointues, qui semblaient indiquer qu'il était carnivore.

## Des Hippopotames.

C'est un animal affreux à voir ; il est très grand, de la taille d'un bœuf à peu près, mais très bas sur pattes, avec une énorme tête, dont le museau est très proéminent et la bouche armée de grosses et longues dents. Il se nourrit cependant de végétaux, vit au fond des fleuves et se défend vigou- reusement quand on l'attaque.

Après lui, viennent en ordre naturel, le porc, le sanglier, le babiroussa, etc., et l'anoplothérion, animal perdu.

## Les Rhinocéros.

Ces animaux, si remarquables par leur grande taille et leur grande force, se nour- rissent de végétaux, et, comme les porcs, ils aiment à se vautrer dans la fange; ils sont d'un naturel stupide et féroce. On en connaît deux on trois espèces. Le rhinocé- ros des Indes se reconnaît aux plis de sa peau épaisse et à sa longue corne sur le nez; le rhinocéros de Sumatra et celui d'Afrique en ont deux.

Les damans, les paléothérions (animaux perdus), les tapirs, ont leur place à la suite des rhinocéros.

## Des Chevaux.

Il n'est pas besoin de décrire le cheval. tout le monde le connaît et l'aime. On admire la beauté de ses formes, sa bonté, et sa douceur ; dès les temps les plus anciens, l'homme a su s'emparer du cheval et le dompter. On en distingue plusieurs espèces, dont les plus remarquables sont le cheval arabe, le zèbre et le zouagga.

## LES RUMINANTS.

Ainsi appelés parce que, se nourrissant d'herbes, cette nourriture passe par quatre estomacs. Qui n'a pas remarqué, par exemple, qu'un bœuf, quand il a mangé sa pitance, longtemps après, semble la mâcher encore : cela s'appelle ruminer.

On comprend parmi les ruminants deux sections, qui contiennent : la première, des animaux sans cornes, et la seconde, des animaux avec cornes, les chameaux, les cerfs, la girafe, etc.

## Les Chameaux.

Ces animaux sont bien reconnaissables
leurs grosses bosses sur le dos. On en con
naît deux espèces, l'une à deux bosses, l
chameau, et l'autre à une seule, le droma
daire. Ces animaux sont précieux par leu
extrême sobriété, se passant aisément d
boire et de manger pendant plusieurs jours
et n'en faisant pas moins de trente à qua
rante lieues et plus par jour, lourdemen
chargés, pour traverser les déserts brûlan
de l'Afrique, leur contrée natale.

## Le Musc.

Cet animal est vif, léger, timide, d'un
forme élégante ; il porte sous le ventre un
poche glanduleuse, qui secrète le véritabl
musc.

## Les Cerfs.

Ce sont des animaux de forme élégante

prompts à la course, et dont la tête, chez les mâles, est ornée de longues cornes branchues qu'on appelle les bois du cerf.

Il y en a plusieurs espèces, dont la plus jolie est l'axis; sa robe est d'un beau fauve tacheté de blanc.

Dans le nord de l'Europe, il existe une espèce de cerfs qu'on appelle le Renne; la femelle porte aussi des bois; c'est la seule exception parmi ce genre d'animaux dont toutes les femelles en sont dépourvues. Une paire de rennes constitue la fortune d'un ménage composé de plusieurs membres dans ces contrées glacées. Ils se nourrissent de son lait et de sa chair, se vêtent de sa peau, et de ses ossements ils se font des outils. Ces animaux sont leurs bêtes de somme, tirent leurs traîneaux, portent des fardeaux; en un mot, un renne, pour les Lapons, est à la fois un cheval, un bœuf, un chien, etc.

## La Girafe.

La girafe libre habite les contrées désertes de l'Afrique. Pour marcher, elle fait mouvoir simultanément les deux jambes du

mêmes côté. Son pelage est d'un beau
fauve, parsemé de grandes taches brunes
et d'une forme irrégulière.

Pour compléter les ruminants, viennent
ensuite les antilopes, le bubal, l'élan, le
chamois, les chèvres, les moutons, les
bœufs, parmi lesquels on range le bison,
cet énorme animal avec son immense crinière et son air demi farouche.

## Les Cétacés.

La manière de vivre de ces mammifères
aquatiques, le milieu qu'ils habitent, les dis-
tingueraient au besoin de tous les autres;
mais leurs formes extérieures suffisent pour
les en faire distinguer au premier coup
d'œil; en effet, ils n'ont pas de pieds de
derrière, et ceux de devant ressemblent à des
nageoires, leurs corps à une queue forte et
pourvue d'une double nageoire. On des a
confondus longtemps avec les poissons. Ce

sont de fort grands animaux, les plus redoutables par leur force. L'homme leur fait une chasse active, pour les tuer et retirer de l'huile de leur graisse.

Quelques-uns vivent d'herbes ; ce sont les lamantins, les dugongs et les stellères.

Les autres sont carnivores, et se distinguent aisément des précédents, par un appareil situé sur leur tête, et par lequel l'eau de la mer qu'ils aspirent sort incessamment en jets élancés qui retombent avec grand bruit ; leur peau est lisse, sans poils et sans écailles. On les divise en deux sections assez naturelles : ceux qui ont la tête proportionnée en grosseur au reste du corps, et ceux qui en ont une démesurément grosse. Au premier rang viennent :

## Les Dauphins.

Ils sont remarquables par leur tête qui se prolonge en bec. Ils atteignent au-delà de quatre mètres de long, ont une gueule composée de plus de quarante dents bien tranchantes; ils sont très voraces, très agiles, et se rencontrent dans toutes les mers. On les voit par troupes suivre les navires et se jouer auprès d'eux.

## Les Marsoins.

Ils ont un museau court, gros et pointu, la gueule armée de dents tranchantes. Un d'eux, l'épaulard, atteint dix mètres de longueur et attaque la baleine.

Les delphinatères et les hypéroodons ressemblent assez aux vrais dauphins et ont les mêmes mœurs.

## Les Narvals.

Ils terminent cette section. Ce sont des animaux assez singuliers par leur conformation. Ils n'ont point de dents, mais au devant du museau, une forte et longue défense, qui a quelquefois au delà de trois mètres de long. L'animal en a dix de longueur et jouit d'une vigueur telle, que.d'un coup de sa terrible défense il peut ébranler un grand navire et en percer la carène.

## Les Baleines.

Elles composent la deuxième section et terminent les mammifères. Les baleines, autrefois communes et vivant en troupes sur les mers, deviennent maintenant fort rares. On n'en trouve plus que dans les mers qui avoisinent les pôles; c'est là qu'elles se sont refugiées et qu'elles ont cru éviter l'avidité destructrice de l'homme, leur ennemi, qui les chasse avec ardeur, pour les profits qu'il retire de l'huile que leur graisse lui fournit. Les baleines, si l'on en croit les anciens voyageurs, atteignaient jusqu'à soixante-six mètres et plus de longueur. Il est bien rare aujourd'hui d'en trouver qui en aient atteint la moitié; l'homme ne leur en laisse pas le temps, et l'époque n'est peut-être pas éloignée où ces animaux disparaîtront, comme tant d'autres, de la surface de la terre.

Parmi les baleines on distingue le cachalot, ce gigantesque animal, dont il existe un squelette dans une cour du Muséum.

Son énorme tête forme presque la moitié de la longueur totale du corps. Elle est formée de deux immenses mâchoires, dont la supérieure, de beaucoup plus volumineuse que l'inférieure, est sans dents ; l'inférieure, armée de deux rangées de grosses dents arrondies et pointues, s'emboîte dans un sillon pratiqué dans la supérieure. La tête est creuse et remplie d'une huile qui se fige à l'air libre. C'est pour cette huile, connue dans le commerce sous le nom de spermaceti, qu'on se hasarde à la chasse de ce dangereux animal.

Telle est, à peu près, la classification des animaux mammifères, qu'on appelle plus vulgairement les quadrupèdes. Il est à regretter que les bornes de ce livre ne

me permettent pas de vous donner quelque idée des autres branches de l'histoire
naturelle ; je vous aurais décrit les mœurs
des oiseaux, je vous aurais dépeint les vives
couleurs de leur plumage, leurs mœurs ; je
n'aurais point oublié le condor, le plus
grand comme le plus fort d'entre eux ; les
aigles, les vautours, et jusqu'à ces char-
mantes miniatures, dont le riche plumage
n'a pour rivales, en éclat, que les pierres
précieuses , et qu'on voit dans les pays
chauds bourdonner et voltiger sur les fleurs,
comme les abeilles qu'ils surpassent à peine
en grosseur.

Dans les reptiles je vous décrirais, en
parlant des serpents, cet immense boa de-
vin, qui atteint quelquefois plus de vingt
mètres de longueur et dont la force est telle,
que dans ses replis il peut étouffer les plus
grands animaux, et jusqu'à cet innocent
orvet qu'on trouve dans nos bois, sous la
mousse, qui atteint à peine trente-trois

millimètres de long et qui, dans sa jeunesse, semble être un filet d'or, traversé par une ligne d'un noir de jais. Je décrirais l'appareil que porte au bout de sa queue le serpent à sonnettes, et les blessures que font les deux crochets de sa gueule ; crochets qui donnent une mort cruelle et instantanée par le poison terrible qu'ils déposent dans la plaie.

Parmi les sauriens, je vous ferais la description du crocodile, du gavial, du monitor, du caïman, reptiles féroces qui vivent sur le bord des fleuves, saisissent et dévorent au fond de l'eau les animaux qui viennent s'y désaltérer.

Au nombre des lacertiens, je n'oublierai pas le caméléon, si célèbre par les changements de couleurs qu'il opère, dit-on, selon ses passions du moment.

Dans la tribu des chéloniens, je vous entretiendrais des tortues de terre, d'eau douce et de mer ; ces dernières, si recherchées des marins pour l'excellence de leur chair, et qui pèsent jusqu'à quatre cents kilogrammes. Elles pondent leurs œufs sur le rivage, où quarante jours après elles reviennent aider les petites tortues à se débarrasser du sable et à regagner avec leurs parents, la mer, leur patrie.

Que de merveilles je vous révélerais en vous parlant des poissons (ichthyologie), de leurs habitudes, de leurs mœurs, des riches parures, et quelquefois des ornements ou des défenses bizarres que le Créateur leur a donnés.

Dans les mollusques encore, que de choses étonnantes à décrire et à raconter, de ces petits animaux mous, se cachant dans une coquille, qu'ils traînent partout avec eux, dans laquelle, au moindre danger, ils se cachent tout entiers. Mais c'est surtout dans les insectes (entomologie) que les merveilles et les surprises s'accumuleraient sous ma plume ; l'imagination la plus brillante peut difficilement concevoir tout ce qu'il y a de beau, d'étonnant dans ces petits animaux dont les géants ont à peine cent trente-cinq millimètres de longueur, tandis qu'il en existe que les meilleurs microscopes permettent à peine d'apercevoir, et qui ont cependant des muscles pour s'agiter, des organes pour manger, etc. Dites avec moi, enfants, à la pensée de tant de choses merveilleuses, combien la puissance de celui qui a pu faire tout cela doit être grande!

Après le règne animal, vient le règne végétal.

Ici encore, vous marcheriez de surprise en surprise, vous ne vous lasseriez point d'admirer les végétaux qui ornent les pays intertropicaux. Les uns, comme les palmiers, élancent dans les airs une frêle colonnette ( le tronc ) jusqu'à trente-trois et cinquante mètres de hauteur, surmontée d'une couronne de feuilles découpées de plus de sept mètres de longueur. D'autres grimpent et s'attachent après les arbres et donnent des fleurs si grandes, que les enfants s'en font des chapeaux. C'est du règne végétal que nous tirons la plus grande partie de notre nourriture principale, ainsi que les friandises de nos desserts.

Il faut remarquer aussi au premier rang des végétaux, le baobab, ce géant si gros, que vingt hommes, les bras étendus et se tenant les mains, peuvent à peine en embrasser le tronc, et qui vit bien au-delà de mille ans. Vous citerais-je encore les arbres qui donnent le suif, la cire, la gomme, le cacao, le sagou, etc. ; ceux dont le bois sert à faire des meubles, le buis, le cèdre, l'acajou, le palissandre, etc.

Parmi les végétaux plus humbles, mais bien plus extraordinaires par leur forme, je vous mentionnerai les échinocactes. Imaginez une boule immense, plus grosse qu'un potiron, sillonnée profondément et relevée en vingt ou trente côtes aiguës, dans le genre d'un melon cantaloup; sur ces côtes, de nombreux faisceaux, de longues et fortes épines, desquelles, vers le sommet de la plante, sortent en foule de fort belles fleurs qui ont quelquefois deux cent quatre-vingts millimètres de longueur sur cent trente-deux d'ouverture ! Quelle merveille !

Il faudrait cent volumes pour décrire convenablement toutes les merveilles des plantes ; croiriez-vous qu'il y en a qui dorment et qui veillent, qui exécutent des mouvements très rapides, qui voyagent même? Et cela est pourtant littéralement vrai !

Tel est en peu de mots une esquisse rapide des corps organiques.

Les corps inorganiques sont bien moins nombreux, ils ne sont point doués de vie ; ils croissent par la superposition de particules semblables à eux. Ce sont les gaz, les sels, les métaux, les pierres, etc. Ils composent, pour ainsi dire, la charpente du globe, forment les montagnes, les ro-chers, les plaines.

Embrassez par une rapide pensée tout ce que la nature a de grand, de sublime, afin que votre esprit, pénétré des merveil-les que nous rencontrons à chaque pas, rende hommage au Créateur.

# RIQUET A LA HOUPE

## CONTE.

Il était une fois une reine qui accoucha d'un fils si laid et si mal fait, qu'on douta longtemps s'il avait forme humaine. Une fée, qui se trouva à sa naissance, assura qu'il ne laisserait pas d'être aimable, parce qu'il aurait beaucoup d'esprit : elle ajouta même qu'il pourrait, en vertu du don qu'elle venait de lui faire, donner autant d'esprit qu'il en aurait à la personne qu'il aimerait le mieux. Tout cela consola un peu la pauvre reine, qui était bien affligée d'avoir mis au monde un si vilain marmot. Il est vrai que cet enfant ne commença pas plus tôt à parler, qu'il dit mille jolies choses, et qu'il avait dans toutes ses ac-

tions je ne sais quoi de si spirituel, qu'
en était charmé. J'oubliais de dire qu
vint au monde avec une petite houpe
cheveux sur la tête; ce qui fit qu'on
nomma Riquet à la Houpe : car Riqu
était le nom de sa famille.

Au bout de sept ou huit ans, la rei
d'un royaume voisin accoucha de de
filles. La première qui vint au monde ét
plus belle que le jour; la reine en fut
aise, qu'on appréhenda que la trop gran
joie qu'elle en avait ne lui fît mal.
même fée qui avait assisté à la naissan
du petit Riquet à la Houpe était présen
et pour modérer la joie de la reine, e
lui déclara que cette petite princesse n'a
rait point d'esprit, et qu'elle serait au
stupide qu'elle était belle.

Cela mortifia beaucoup la reine; mais e
eut, quelques moments après, un bien p
grand chagrin, car la seconde fille d
elle accoucha se trouva extrêmement lai

Ne vous affligez pas tant, Madame, lui dit
la fée; votre fille sera récompensée d'ailleurs, et elle aura tant d'esprit qu'on ne
s'apercevra presque pas qu'il lui manque
de la beauté. Dieu le veuille! répondit la
reine; mais n'y aurait-il point un moyen
de faire avoir un peu d'esprit à l'aînée qui
est si belle? Je ne puis rien pour elle,
Madame, du côté de l'esprit, lui dit la fée;
mais je puis tout du côté de la beauté; et
comme il n'y a rien que je ne veuille pour
votre satisfaction, je vais lui donner pour
don de pouvoir rendre beau ou belle la personne qui lui plaira. A mesure que ces
deux princesses devinrent grandes, leurs
perfections crurent aussi avec elles; et on
ne parlait partout que de la beauté de l'aînée et de l'esprit de la cadette. Il est vrai
aussi que leurs défauts augmentèrent beaucoup avec l'âge. La cadette enlaidissait à
vue d'œil, et l'aînée devenait plus stupide
de jour en jour; ou elle ne répondait rien

à ce qu'on lui demandait, où elle disait
une sottise. Elle était avec cela si mala-
droite, qu'elle n'eût pu ranger quatre por-
celaines sur le bord d'une cheminée sans
en casser une, ni boire un verre d'eau sans
en répandre la moitié sur ses habits. Quoique la beauté soit un grand avantage dans
une jeune personne, cependant la cadette
l'emportait presque toujours sur son aînée
dans toutes les compagnies. D'abord on allait du côté de la plus belle, pour la voir et
pour l'admirer; mais bientôt après, on
allait à celle qui avait le plus d'esprit, pour
lui entendre dire mille choses agréables;
et on était étonné qu'en moins d'un quart
d'heure, l'aînée n'avait plus personne auprès d'elle et que tout le monde s'était
rangé autour de la cadette. L'aînée, quoique fort stupide, le remarqua bien; et elle
eût donné sans regret toute sa beauté pour
avoir la moitié de l'esprit de sa sœur. La
reine, toute sage qu'elle était, ne put s'em-

pêcher de lui reprocher plusieurs fois sa
bêtise; ce qui pensa faire mourir de douleur cette pauvre princesse. Un jour qu'elle
s'était retirée dans un bois pour y plaindre
son malheur, elle vit venir à elle un petit
homme fort laid et fort désagréable, mais
vêtu très manifiquement. C'était le jeune
prince Riquet à la Houpe, qui, étant de-
venu amoureux d'elle, sur ses portraits qui
couraient par tout le monde, avait quitté le
royaume de son père pour avoir le plaisir
de la voir et de lui parler. Ravi de la ren-
contrer ainsi toute seule, il l'aborde avec
tout le respect et toute la politesse imagi-
nables. Ayant remarqué, après lui avoir
fait les compliments ordinaires, qu'elle était
fort mélancolique, il lui dit : Je ne com-
prends point, Madame, comment une personne aussi belle que vous l'êtes peut être
aussi triste que vous le paraissez ; car,
quoique je puisse me vanter d'avoir vu une
infinité de belles personnes, je puis dire

que je n'en ai jamais vu dont la beauté approche de la vôtre. Cela vous plaît à dire, Monsieur, lui répondit la princesse, et elle en demeura là. La beauté, reprit Riquet à la Houpe, est un si grand avantage, qu'il qu'il doit tenir lieu de tout le reste, et quand on le possède, je ne vois pas qu'il y ait rien qui puisse vous affliger beaucoup. J'aimerais mieux, dit la princesse, être aussi laide que vous, et avoir de l'esprit, que d'avoir de la beauté comme j'en ai, et être bête autant que je le suis. Il n'y a rien, Madame, qui marque davantage qu'on a de l'esprit, que de croire n'en pas avoir; et il est de la nature de ce bien-là, que plus on en a, plus on croit en manquer. Je ne sais pas cela, dit la princesse; mais je sais bien que je suis fort bête, et c'est de là que vient le chagrin qui me tue. Si ce n'est que cela, Madame, qui vous afflige, je puis aisément mettre fin à votre douleur. Et comment ferez-vous? dit la prin-

cesse. J'ai le pouvoir, Madame, dit Riquet
à la Houpe, de donner de l'esprit autant
qu'on en saurait avoir à la personne que
je dois aimer le plus; et comme vous êtes
cette personne, il ne tiendra qu'à vous que
vous n'ayez autant d'esprit qu'on en peut
avoir, pourvu que vous vouliez bien m'é-
pouser. La princesse demeura tout inter-
dite, et ne répondit rien. Je vois, reprit
Riquet à la Houpe, que cette proposition
vous a fait de la peine, et je ne m'en
étonne pas; mais je vous donne un an tout
entier pour vous y résoudre. La princesse
avait si peu d'esprit, et en même temps
une si grande envie d'en avoir, qu'elle s'i-
magina que la fin de cette année ne vien-
drait jamais; de sorte qu'elle accepta la
proposition qui lui était faite. Elle n'eut
pas plus tôt promis à Riquet à la Houpe
qu'elle l'épouserait dans un an à pareil
jour, qu'elle se sentit tout autre qu'elle
n'était auparavant : elle se trouva une faci-

lité incroyable à dire tout ce qui lui plaisait de dire d'une manière fine, aisée et naturelle. Elle commença dès ce moment une conversation galante et soutenue avec Riquet à la Houpe, où elle brilla d'une telle force, que Riquet à la Houpe crut lui avoir donné plus d'esprit qu'il ne s'en était réservé pour lui-même. Quand elle fut retournée au palais, toute la cour ne savait que penser d'un changement si subit et si extraordinaire, car autant on lui avait ouï dire d'impertinences auparavant, autant lui entendait-on dire de choses bien sensées et infiniment spirituelles. Toute la cour en eut une joie qui ne se peut imaginer; il n'y eut que sa cadette qui n'en fut pas bien aise, parce que, n'ayant plus sur son aînée l'avantage de l'esprit, elle ne paraissait plus auprès d'elle qu'une guenon fort désagréable. Le roi se conduisait par ses avis, et allait même quelquefois tenir le conseil dans son appartement.

·Le bruit de ce changement s'étant répandu, tout les jeunes princes des royaumes
voisins firent leurs efforts pour s'en faire
aimer; et presque tous la demandèrent en
mariage; mais elle n'en trouvait point qui
eût assez d'esprit, et elle les écoutait tous
sans s'engager à pas un d'eux. Cependant
il en vint un si puissant, si riche, si spirituel et si bien fait, qu'elle ne put s'empê-
cher d'avoir de la bonne volonté pour lui.
Son père s'en étant aperçu, lui dit qu'il la
faisait la maîtresse sur le choix d'un époux,
et qu'elle n'avait qu'à se déclarer. Comme
plus on a d'esprit, et plus on a de peine à
prendre une ferme résolution sur cette affaire, elle demanda, après avoir remercié
son père, qu'il lui donnât du temps pour
y penser. Elle alla par hasard se promener
dans le bois où elle avait trouvé Riquet à
la Houpe, pour rêver plus commodément
à ce qu'elle avait à faire.

Elle n'eut pas plus tôt fait trente pas en

continuant sa promenade, que Riquet à la
Houpe se présenta à elle, brave, magnifi-
que, et comme un prince qui va se marier.
Vous me voyez, dit-il, Madame, exact à
tenir ma parole, et je ne doute point que
vous ne veniez ici pour exécuter la vôtre,
et me rendre, en me donnant la main, le
plus heureux de tous les hommes. Je vous
avouerai franchement, répondit la princesse, que je n'ai pas encore pris ma résolution là-dessus, et que je ne crois pas pouvoir jamais la prendre telle que vous la
souhaitez. Vous m'étonnez, Madame, lui
dit Riquet à la Houpe. Je le crois, dit la
princesse ; et assurément, si j'avais affaire
à un brutal, à un homme sans esprit, je me
trouverais bien embarrassée. Une princesse
n'a que sa parole, me dirait-il, et il faut
que vous m'épousiez, puisque vous me l'a-
vez promis. Mais comme celui à qui je parle
est l'homme du monde qui a le plus d'esprit, je suis sûre qu'il entendra raison. Vous

savez que quand je n'étais qu'une bête, je ne pouvais néanmoins me résoudre à vous épouser ; comment voulez-vous qu'ayant l'esprit que vous m'avez donné, qui me rend encore plus difficile en gens que je n'étais, je prenne une résolution que je n'ai pu prendre dans ce temps-là? Si vous pensiez tout de bon à m'épouser, vous avez eu grand tort de m'ôter ma bêtise, et de me faire voir plus clair que je ne voyais. Si un homme sans esprit, répondit Riquet à la Houpe, serait bien reçu, comme vous venez de le dire, à vous reprocher votre manque de parole, pourquoi voulez-vous, Madame, que je n'en use pas de même dans une chose où il y va de tout le bonheur de ma vie ? Est-il raisonnable que les personnes qui ont de l'esprit soient d'une pire condition que celles qui n'en ont pas? Le pouvez-vous prétendre, vous qui en avez tant, et qui avez tant souhaité d'en avoir? Mais venons au fait, s'il vous plaît. A la réserve de ma laideur, y a-t-il quelque chose de moi qui vous déplaise? Êtes-vous mal contente de ma naissance, de mon esprit, de mon humeur et de mes manières? Nullement, répondit la princesse; j'aime en vous tout ce que vous venez de me dire. Si cela est ainsi, répondit Riquet à la Houpe, je vais être heureux, puisque vous pouvez me rendre le plus aimable de tous les hommes. Comment cela se peut-il faire? lui dit la princesse. Cela se fera, répondit Riquet à la Houpe, si vous m'aimez assez pour souhaiter que cela soit; et afin, Madame, que vous n'en doutiez pas, sachez que la même fée qui, au jour de ma naissance, me fit le don de pouvoir rendre spirituelle la personne qui me plairait, vous a fait aussi le don de pouvoir rendre beau celui que vous aimerez, et à qui vous voudrez bien faire cette faveur. Si la chose est ainsi, dit la princesse, je souhaite de tout mon cœur que vous deveniez le prince du monde le plus beau et le plus aimable., et je vous en fais le don autant qu'il est en moi. La princesse n'eut pas plus tôt prononcé ces paroles, que Riquet à la Houpe parut à ses yeux l'homme du monde le mieux fait et le plus aimable qu'elle eût jamais vu. Quelques-uns assurent que ce ne furent point les charmes de la fée qui opérèrent, mais que l'amour seul fit cette métamorphose. Ils disent que la princesse, ayant fait réflexion sur la persévérance de son amant, sur sa discrétion et sur toutes les bonnes qualités de son âme et de son esprit, ne vit plus la difformité de son corps ni la laideur de son visage ; que sa bosse ne lui sembla plus que le bon air d'un homme qui fait le gros dos ; et qu'au lieu que jusqu'alors elle l'a-vait vu boiter effroyablement, elle ne lui trouva plus qu'un certain air penché qui la charmait. Ils disent encore que ses yeux, qui étaient louches, ne lui en parurent que plus brillants ; que leur déréglement passa dans son esprit pour la marque d'un violent excès d'amour; et qu'enfin son gros nez rouge eut pour elle quelque chose de martial et d'héroïque. Quoi qu'il en soit, la princesse lui promit sur-le-champ de l'épouser, pourvu qu'il obtînt le consentement du roi, son père. Le roi, ayant su que sa fille avait beaucoup d'estime pour Riquet à la Houpe, qu'il connaissait d'ailleurs pour un prince très spirituel et très sage, le reçut avec plaisir pour son gendre. Dès le lendemain, les noces furent faites, ainsi que Riquet à la Houpe l'avait prévu, et selon les ordres qu'il avait donnés longtemps auparavant.

FIN.

LAGNY. — Imprimerie de GIROUX et VIALAT.

BIBLIOTHÈQUE.
INSTRUCTIVE ET AMUSANTE.

IMP. DE GIROUX ET VIALAT A LAGNY.

www.ingramcontent.com/pod-product-compliance
Lightning Source LLC
Chambersburg PA
CBHW052131090426

42741CB00009B/2042